POR ARRABALES ÚLTIMOS

PEDRO LÓPEZ LARA

POR ARRABALES ÚLTIMOS

(Antología poética)

Selección y prólogo de José Cereijo

RENACIMIENTO

www.editorialrenacimiento.com
POLÍGONO NAVE EXPO, 17 • 41907 VALENCINA DE LA CONCEPCIÓN (SEVILLA)
tel.: (+34) 955998232 • editorial@editorialrenacimiento.com

Diseño de cubierta: Marie-Christine del Castillo

DEPÓSITO LEGAL: SE 481-2024 • ISBN: 979-13-87552-49-7
Impreso en España • Printed in Spain

PRÓLOGO

LEYENDO la poesía contenida en este libro, es difícil no percatarse de que el sustantivo que más se repite en ella, y el concepto en torno al cual se organizan, de alguna manera, todos los demás, es el del *tiempo*. Pero no un tiempo visto desde fuera, objetivamente, ése que pueden medir los relojes, sino desde dentro, vivido; más aún, sentido como el centro mismo de lo que se es. Leemos, por ejemplo: «No tengo tiempo: / lo he sido. / Lo soy». Lo que puede recordarnos a Borges: «El tiempo es la sustancia de que estoy hecho. El tiempo es un río que me arrebata, pero yo soy el río; es un tigre que me destroza, pero yo soy el tigre; es un fuego que me consume, pero yo soy el fuego».

También leemos allí (en su *Nueva refutación del tiempo*, título intencionadamente paradójico) que «Negar la

sucesión temporal, negar el yo, negar el universo astronó-
mico, son desesperaciones aparentes y consuelos secretos».
De esas consoladoras desesperanzas está llena, más, está
como tejida, esta poesía, que por ejemplo nos dice «Si he
de despedirme, lo haré desde entonces». Que en otro lugar
reafirma «Admítelo: / también te estás yendo de enton-
ces». Que aún, fiel a sí misma, pide «Permíteme pasar un
rato más, algún día / –ayer, antes de ayer– contigo».

El tiempo, pues, como lugar, como espacio transita-
ble, rectificando o matizando así lo que en aquel texto
decía el mismo Borges: «Nuestro destino... no es espan-
toso por irreal; es espantoso porque es irreversible y de
hierro». No aquí, donde el pasado es visitable, valorable,
incluso recurrible. Ignoro cuándo fue escrita esta poe-
sía, de acuerdo con el tiempo de los calendarios y de los
relojes; pero sistemáticamente se nos aparece como escri-
ta cuando ya todo ha pasado, y somos de algún modo
meros espectadores de nuestra propia vida; espectado-
res concernidos, a los que aún afecta, y hasta estreme-
ce («Dices que no queda nada. / Mentira. Mira bien. /
Mira mis manos: / tiemblan»), pero lo hace ya desde otro
lugar, desde un definitivo y decisivo *fue* que, sin embar-
go, no excluye, que hasta exige, la interpretación, la valo-
ración, el poder todavía seguir «hablando del futuro que

ha pasado, / hablando del futuro qué ha pasado». Un lugar otro desde el que todo lo que cabe contemplar son, esencialmente, ruinas, pero sin olvidar nunca que «toda ruina al fin es solo el séquito, / más duradero que él, de un resplandor».

Lo que no quiere decir necesariamente que las ruinas fueran el verdadero significado de lo que ocurre, que ese resplandor fuera falso, inconsistente, mera preparación de la futura ruina. Se habla, por ejemplo, de «aquella ciudad que fue espléndida». No hay ironía en esa afirmación: la «ciudad» fue realmente «espléndida», aunque de ese esplendor sólo queden ruinas. Pero sí parece por momentos que la lucidez que permite reconocer ese esplendor fuera cosa que sólo traen los años; que ambas cosas, el esplendor y la lucidez, no pudiesen convivir, darse juntas. Hubo un fuego, cierto, pero lo que ahora existe es ceniza y conocimiento, y desde ahí se escribe. Para evocar, para revivir (*pasar un rato más* en su compañía), pero, de alguna manera, sabiendo que esa evocación no pasa de ser eso, y el fuego el fantasma de un fuego, ante el que las manos tendidas no pueden calentarse, sólo pueden *temblar*.

¿Es realmente así? *¿Se canta lo que se pierde*, como quería Machado? No del todo, sin embargo. Hay momentos en los que, parece, se cree posible gozar todavía de

9

un *esplendor* real, aunque se lo sepa frágil y amenaza-do: «Consumamos esta noche la vida / íntegramente», se nos exhorta. El viejo *carpe diem* horaciano, sólo posible si se cree que ese presente al que se nos invita a aferrarnos tiene en sí mismo algo valioso, algo que merece la pena intentar aprovechar al máximo, *íntegramente*. Cierto que si eso es así, es justamente porque se sabe que no es duradero, y que lo que dejemos ir lo habremos perdido para siempre. Pero repárese en que ésa es también la vieja justificación por la que se nos dice lo infinitamente valiosa que a fin de cuentas es o puede ser la vida, a la que esa conciencia de finitud da un peso, una hondura de significación, que no tendría sin ella. Es ésta, pues, una realidad de doble cara, que tanto puede ser vista del lado del *esplendor* como desde el de lo *irreversible y de hierro* de nuestro *destino*; y puede suponerse que el temperamento individual de cada poeta le llevará a subrayar uno de los dos aspectos. Parece claro que Pedro López Lara tiende efectivamente a lo elegíaco antes que a lo celebratorio. *Antes*, subrayo, no *en lugar de*; tiene Enrique García-Máiquez un aforismo que dice esto: «Una elegía es un himno que llega con retraso». Es porque valora, y valora intensamente, la vida, por lo que la evoca con ese desgarramiento, por lo que esas manos todavía *tiemblan*. Y la lucidez que se instala en ese *décalage*, en esa brecha entre un presente gozable pero sin conciencia suficiente y otro, el futuro de ese presente, en el que se invertirán los términos y se adquirirá conciencia justamente a medida que se pierda posibilidad o capacidad para el goce, si no puede cerrar esa brecha, ese abismo, al menos puede construir un puente, o quizá meramente una pasarela, temblorosa y frágil, pero por la que es posible recuperar algo del pasado esplendor, y quizá gozarlo con una conciencia y una hondura, imposibles antes, que puede compensar (incluso sobradamente, en momentos puntuales) su precariedad.

¿Se trataría, entonces, de cambiar existencia por verdad? Sí y no, de nuevo. Una respuesta posible a ese dilema, la de que la verdad, la lucidez, también forman parte de la vida (lo que, traducido en los términos en los que estamos hablando, significaría que en esa madurez, más que perder, se *cambia* el peso relativo de una y otra cosa), apenas aparece aquí. Hay quizá, para que eso pudiera ocurrir, demasiada conciencia de lo cercano, de la presencia avasalladora de ese silencio que «no es como los otros», y que «un día ha de salir y devorarlo todo». Pero por el momento estamos aquí; ya no exactamente en aquella *ciudad* de la que hablábamos antes, pero sí al menos, según el título, en esos *arrabales últimos* («sitio extremo» de una población, según una de las acepciones del diccionario) que todavía forman parte de ella, y que acaso, justamente por su situación *extrema*, excéntrica, porque ya no son propiamente parte de su *esplendor*, permiten apreciarla, abarcarla imaginativamente, de un modo que no sería posible desde su centro. Esa existencia, pues, precaria y amenazada y melancólica como es, es también un lugar privilegiado para la observación, una atalaya, imposible antes, que nos permite no sólo advertir lo que entonces no veíamos, sino extraer de ello un sentido que es también plenitud tardía, realización completa de lo que en su momento, por falta de esa distancia, no pudo tenerlo. El *himno*, la plenitud, llega pues con retraso, pero llega al fin, y no sólo rescata, sino acrisola, da su valor verdadero y último a las cosas.

Que esto es así, en esta poesía, resulta evidente a la simple lectura; pero también, me parece, determina el que ella tenga un carácter marcadamente intelectual, incluso por momentos discursivo, como efectivamente corresponde a quien analiza, verifica y contrasta. No quiere decir esto que la emoción no esté sin embargo presente (sin ella, a mi parecer al menos, no hay verdadera poesía, y ésta lo es), sino que no se adelanta nunca, o casi nunca, al primer plano, se deja más bien presentir, o adivinar, en un gesto, en esas manos que *tiemblan*. Como el mismo Borges decía, aunque a otro propósito, respecto a Dante, es cosa que prefiere dejar que se vislumbre *en una intención, en un gesto*. Algo plenamente coherente con lo que se nos dice en «Lo emotivo»: «Debe ser expatriado y volver luego, / merodear por los confines del poema». Lo que no es muy distinto de lo que decía Joubert: «No frío, sino enfriado. Regla del arte». Y, para eso, es obvio que eso *enfriado* tiene, primero, que haber existido; y, segundo, que estar presente aún, aunque sea en sordina.

Y no es casual que hablemos aquí del *arte*: esta poesía (como acaso no podía ser menos, dada su voluntad de ser lúcida) se enfrenta también con él, lo considera, lo analiza, lo aquilata. Quiere, también aquí, entender. Por eso, pienso, están presentes una serie de poemas dedicados a obras artísticas: del cine, de la pintura, de la literatura. En todos los casos se nos ofrece, no tanto (pese a las apariencias) una interpretación, sino una *vivencia* de ellas. (Y me parece de algún modo significativo que sea precisamente aquí donde encontremos una adjetivación –términos como *atroz* o *terrorífico*– más rara en el resto del libro, como si, protegida por la distancia de la obra de arte, no le importara tanto a esta voz mostrarse, *descuidarse*: revelarse).

Hablaba antes de las *apariencias*, refiriéndome a lo que de interpretativo, de discursivo, tienen en particular estos poemas. Véase el comienzo de un par de ellos: «Hay interpretaciones que quedan / incorporadas a la obra», o «En las obras de Shakespeare, los grandes personajes…». Comienzos, bien se ve, ensayísticos, que no disonarían en un libro de prosa, de crítica y de análisis. La lectura completa de los poemas, sin embargo, disipa esa impresión: no se trata de eso. Está, efectivamente, el discurso, *dezir* más que *canción* en términos medievales; pero la impresión última no es la del razonamiento, sino la de la sensación, la vivencia: lo emotivo. Y pienso que, de algún modo, es así en toda su poesía, no sólo en la que se refiere a cuestiones puramente artísticas: es, siempre, el intento de racionalizar, de comprender, algo cuya raíz no es ni racional ni comprensible, para darle de ese modo otro alcance, el sentido final que, por excesiva inmersión en el presente, no acabó de lograr en su día. Poesía, pues, no sólo como voluntad de conocimiento, sino de compleción; como intento de hacer que ese pasado todavía vivo, transitable, *confiese*, como se dice en las películas policíacas; y, al hacerlo, no sólo nos justifique de algún modo, sino que nos permita finalmente ser en plenitud, aunque ese ser tenga algo, y aun mucho, de póstumo. Un poco a la manera de lo que se nos dice en el poema «Lápida (*Sed de mal*, 1958)», *desenlace colmado*, verdad última. Como quería Eliot, «every poem an epitaph», aunque advirtiendo, como Eliot no lo hace aunque obviamente lo da por supuesto, que el muerto, sin embargo, está muy vivo. Porque, como se dice en uno de los últimos poemas de la antología, «La pérdida... ratifica la tenencia», y vuelve realidad —al fin— lo que se tuvo. Que esa pérdida, al cabo, es también una luz, despiadada quizá pero real, y que por eso importa.

JOSÉ CEREIJO

POR ARRABALES ÚLTIMOS

1. DE *DESTIEMPO*

LLAMA COMPROMETIDA

E SCRIBIR poesía es incendiar un bosque
y verlo luego arder desde su centro,
sin otro fin que apalabrar las llamas:
demorar hasta el verso su recuerdo del fuego.

LOS ESCOLARES

Oigo pasar los chicos
camino del colegio. Son las nueve
de la mañana y hablan mucho.
No saben todavía
que van a ser mortales.

DESOLACIÓN Y SÉQUITO

Te arrasará la vida,
y a cambio nada más te habrá dejado
intermitencia inhilvanable de momentos
de endiosado fulgor, difíciles
de evaluar después, cuando sabemos
que toda ruina al fin es solo el séquito,
más duradero que él, de un resplandor.

EL DESCUMBRADO

Únicamente su total descrédito
permite imaginar cuál fue
la magnitud de su palabra,
la fe que al estrechar la suya puso en él cada mano,
la vertiginosa altitud
de la que aún está cayendo.

NUEVA GEOMETRÍA

Se cierra el círculo y el centro
que creímos inmóvil queda fuera.

No va a ser fácil convocar a los instantes
que, obstinados, se niegan a olvidarnos,
encontrar la manera de explicarles
—a ellos, que juraron ser la vida—
la nueva, irracional, geometría
que al parecer la regirá a partir de ahora.

LOS FANS

Al último recital
acudirán mis amores,
cada uno con su edad.

Pintarrajeados, viejos
fantasmas. Antiguos fans.

GRAN ANGULAR

Sɪ he de despedirme, lo haré desde entonces.

2. DE *MEANDROS*

EL LINAJE

LA sucesión de seres que nos han llevado
a esto que somos,
¿no tienen nada que decir ahora?,
¿no van a presentarnos siquiera una disculpa?
Esos yoes pretéritos
de cuya incompetencia reiterada somos
el lamentable resultado,
¿no sienten la necesidad, el ansia,
de pedirnos perdón?

Pero poco se logra interpelando sombras,
sombras que acaso cuando vivas
se sintieron también desheredadas,
traicionadas por otras más antiguas.

Aunque no sea justo, asumamos sin ira
las cuentas no pagadas, las deudas contraídas
por todos esos muertos que llevan nuestra sangre.

Al fin y al cabo, cada vida es
un linaje maldito cuya culpa, incuestionable,
nadie recuerda y nadie pone en duda.

LUGARES OSCUROS

Hay algunos recuerdos
donde es mejor no entrar.
Callejones oscuros habitados por sombras
que usan nuestros rostros, que se ríen
como reíamos nosotros.
Desolados salones de juego en que se hacían
apuestas demasiado altas.
Historias insolventes pero inscritas
en las impúdicas entrañas
de un animal que se llamaba vida.

Se trata de recuerdos malheridos,
en los que no es prudente entrar:
son templos arrasados, pero en ellos,
en sus cenizas deslumbrantes,
palpitan todavía nuestras vísceras,
dan testimonio cierto de que fuimos
víctimas implacables y deidades salvajes.

DESERTORES

CONSUMAMOS esta noche la vida
íntegramente, sin dejarnos nada.
Nada pueda arrebatarnos el día.

No estemos cuando pase lista el alba.

LA MORALEJA QUE FALTÓ

Si yo hubiera sabido
contarte el cuento con la moraleja exacta,
lo habrías entendido todo, seguirías
aún
         en mis vacías estancias.
                              Estarías
—narrativamente feliz,
cabalmente instruida— todavía aquí.

UN AMIGUITO

Era tocayo mío, y jugábamos
en la calle, a las canicas, supongo,
o a las chapas.
Luego mis padres y yo nos mudamos.

Un año después volvimos, para dar un paseo,
lo vi casualmente y me acerqué.
Aparentó no conocerme y no me hizo
ni puñetero caso.

Aquel día aprendí,
de manera confusa –tenía nueve años–,
algo que supuse importante y no lo era.
Es simplemente algo, ahora lo sé,
que ocurre con frecuencia y las primeras veces no entendemos.

Las siguientes tampoco,
pero ya ni siquiera lo intentamos.

REINCIDENTE TERMINAL

QUIEN muere es alguien que ha sobrevivido
a cada una de sus muertes,
que en cada una de ellas optó por la resurrección,
dijo que sí a una vida que iba siendo amputada.

Es solo ese muñón versado en escapismos
lo que de forma íntegra desaparece ahora.

3. DE *DÁRSENA*

REPARACIÓN

A mi padre, que deliraba en la agonía

Mira: he traído los barcos. Se ven
desde la calle.
He traído la calle y ahora es cierto
que estabas en la calle y viste barcos.

RETROSPECCIÓN

Mɪʀᴀʀ atrás: la mano que acaricia
el lomo de una bestia fatigada.

QUÉ HA PASADO

Si no recuerdo mal —pero en verdad
no me acuerdo de nada—,
tú eras distinta y yo muy diferente,
eran otros el mundo y los lenguajes,
las caras de la gente,
y nos gustaba —creo— pasear
hablando del futuro que ha pasado,
hablando del futuro qué ha pasado.

ACCIONES, PALABRAS Y DESGASTE

Por sus acciones los conoceréis,
no por sus frutos,
que pueden ser tardíos o estar menoscabados
por la vecindad de algún fin.

En sus acciones y sus actos, menos perentorios,
es donde encontraréis los primeros indicios.

También en sus palabras, midiendo si son justas,
si están encariñadas con alguna verdad
o al menos ha dejado en ellas
sus huellas la verdad antes de irse, o de ser expulsada,
si guardan compromiso, aunque no sea firme,
con quien las dice o ha dejado escritas.

Por sus acciones y palabras, y también
por el desgaste de sus ojos,
tanto mayor cuanto más hayan visto y comprendido,
arrasador si han amado.

UBI SUNT

Dónde están mis guerreros, perdedores
solo en batallas no libradas, que fueron las más.

Dónde están los castillos que crispaban sus almenas
ante un peligro imaginario.

Dónde el enemigo retirado antes de tiempo,
sin haber completado sus infamias.

Dónde las vistosas misiones que llevaban
por comarcas insólitas.

Dónde los planos del tesoro que auguraban
la expedición, las sangres intermedias.

Dónde los indolentes, espaciosos días,
sus noches dilatadas.

Dónde el baile final de Zorba el griego,
su mística celebración de la derrota,
más grande que cualquier derrota.

Dónde estamos, amigos, cómo hemos llegado
–única magia auténtica– hasta aquí.

EL MIEDO ORIGINAL

Todo tuvo su origen al principio.
Excepto el miedo, que era antes.
Y vio aquello que había.

El miedo no nos cuenta lo que vio,
solo nos muestra algunas fotos,
por si nos suenan y pudiéramos
ayudarle a volver.

Y sí, sí que nos suenan.

ESCISIÓN

Los que no tienen hijos se desdoblan en hijos.
Orgullosos observan sus primeros pasos,
promisorios de futuros espléndidos.
Comprensivos advierten los primeros desvíos,
las trazas incipientes que insinúan la ruina.
Inclementes y hartos, les proponen suicidio.
Declinada la oferta, resignados les abren
de par en par las puertas de la casa,
inmolan en su honor vetustas reses,
aceptan, ellos también al cabo padres pródigos,
convivir con esos restos el resto de sus vidas,
ir preparando juntos el unánime entierro.

ESCOLIOS

Dolores extremos hay cuatro:
nacer, vivir, morir y ver morir.

Al margen de eso,
en una franja muy estrecha,
afirman haber visto maravillas
los viajeros antiguos.
En nuestros días, sin embargo, no hay noticia
de escolios semejantes. Hace tiempo
que cunde entre nosotros el desánimo.

VESTIGIOS DE LO ESPLÉNDIDO

CADA escombro en su sitio,
que sea transitable la memoria,
que quienes la habitaron puedan
reconocer sus hermosos jardines colgantes,
sus asombrosas calles derruidas,
en ruinas los que fueron exquisitos bazares.

Lo que hicieron con ella,
con aquella ciudad que fue espléndida.

INENARRABLE

CUANDO te llamen, no contestes.
Si te dicen ayer, mañana, el mes pasado,
no entiendas lo que dicen.
Niégate a conectar
entre sí los instantes, nada sepa
cada cual de los otros, abomina
de hilos conductores, de tramas, de tramoyas.
Huye al primer y entonces.

No les compres sus cuentos
ni construyas el tuyo. Vive
impersonajemente, cronoajeno. Haz que tu vida sea
una experiencia intransitiva,
una explosión sin consecuencias,
esplendorosa, pura, inenarrable.

HEREDEROS, FANTASMAS

Pagó un precio muy alto
por algo que ahora no es posible
evaluar ni averiguar siquiera.
No sé, por eso, si estoy arrepentido,
orgulloso o si sencillamente
no es un asunto mío y me da igual.
Él hizo lo que hizo sin darme explicaciones,
dejándome un legado de recuerdos confusos,
que no sé si son de él o fueron míos.
Lo más probable en cualquier caso es
que no volvamos nunca más a vernos,
porque uno de los dos es un fantasma
y el otro, si no recuerdo mal, no cree en ellos.
Se irá borrando poco a poco
su memoria en la mía,
y yo para él sospecho que habré sido
solo una decepción, el hijo que defrauda

cualquier expectativa, el heredero
que malbarata un tesoro de ensueños.

En fin, son cosas
que no debieron ocurrir. O sí,
puede que sí, y así infinitamente.

EL TIEMPO Y NOSOTROS

El tiempo es un profesional y acude siempre
puntual a sus citas.
Pero nosotros, en materia temporal,
somos aficionados, espontáneos
que saltan empujados a un ruedo del que nada saben,
para jugar a un juego del que nada sabemos,
sin vocación ni entrenamiento previo,
y enfrentar a una bestia incomprensible
que alguien ha puesto de repente ante nosotros.

Demorémonos, pues, en cada cita no acordada,
acudamos, mal y tarde, a lugares distintos,
neguémonos al carrusel de horas, días y minutos,
a la noria cansina de los años,
comportémonos mal en cada feria,
de manera que nos nieguen la entrada,
hagámonos amigos –falsos– de los relojes,
de esos amigos que desvían del camino recto,

y emborrachémoslos después
para que pierdan la noción del tiempo
e inservibles se entreguen a vicios inocentes,
pongamos el pasado por delante
y así tendremos por delante todo el tiempo
—el nuestro solo, pero por entero—,
para usarlo sin prisas, muy despacio,
con irritante y deliciosa parsimonia.

Vivamos plenamente nuestra vida a destiempo.

Y a la hora oficial de la faena,
las cinco en punto de la tarde,
citemos a la fiera inevitable
fuera de cualquier plaza, en una cita abierta,
a la que tenga que asistir a ciegas, instintivamente.
Cuando ocurra el encuentro, si comprende
quién es quien manda ahí,
si ve que no tenemos miedo y asiente,
aquiescente, cómplice,
estaremos perdidos, eso no se discute,
pero habremos ganado, y nuestra muerte, acontecida
en circunstancias poco claras,
se anotará en un margen de las crónicas,

dedicado a los casos no resueltos,
se narrará como una historia edificante,
el cuento de los prófugos de Cronos,
tal vez no heroica, pero sí curiosa
y entretenida, y será una forma más
—intencionadamente literal,
fracasada por poco— de matar el tiempo.

ERA SENCILLO

No tengo tiempo:
lo he sido.
Lo soy: no lo he tenido. Lo que somos
—era sencillo— nunca es nuestro.

TOUCHÉ

Eʟ desapego hacia la muerte
es algo que se aprende con los años.
Es natural retarla cuando joven,
sabiéndola lejana y desatenta.
Pero en el tiempo venidero, que es el nuestro,
el desafío se atempera al ver
—sorpresa—
cómo se inclina y recoge el guante.

TIEMPO

ANTES que muera en otros brazos,
ofrécele los tuyos: lo has gastado
y te ha gastado, es justo
que encuentre donde ardió reposo,
heredad en aquello
que lo dejó fluir caudal y él supo
tan minuciosamente devastar.

Fue tuyo y fuiste suyo: vuestros son
los brazos que se abren consumidos
para acoger nuestro común repliegue
hacia la desmemoria.

Descansemos en paz de lo que fuimos.

RESTO

Aún puedo morir, pero tan solo un poco.
Porque lo principal ha muerto ya.
Soy ese resto mortal, lo que queda
cuando se van los asistentes al entierro,
cerrando sus paraguas, pero sin haber cotejado
los datos de la lápida.

SILOGISMO

No puede ser, no es cierto.

El aire no consiente
su tránsito a la flecha.
El esfuerzo de Aquiles
se agota en la distancia
certera, irrefutable.

Este dolor, por tanto,
no puede ser, no es cierto.
Sus labios aún recorren
las caricias primeras.

PARTIDA DE CAZA

No es fácil contener este desasosiego
de caballos que quieren partir en tu busca.
No es fácil realizar este conjuro
preliminar, ensalmo que propicie
la expedición y ensimisme las mentes.
No será fácil encontrarte.

Pero el ejército que he dispuesto
lo forman hombres que no tienen
nada ya que perder. Todos han sido
seleccionados con esmero. Bulle en todos
un motivo tenaz para buscarte,
distinto del amor o la codicia,
que son impulsos breves, quebradizos.
No mueve el corazón empedernido de estas gentes
deseo ni venganza, afán de recompensa,
sino algo más profundo, más huraño,
que la persecución irá esclareciendo

y el encuentro –porque vas a ser encontrada–
revelará en su dimensión final,
en toda su grandeza y su miseria
oscura, elemental.

He pasado revista. Nadie falta. Lanzo
al aire la moneda que fijará la ruta.
El viento amaina y la noche se alza
e inclina aquiescente. Relajo
poco a poco la brida, incontenible ya. Partamos.

VUESTROS DERECHOS

A la ira y el odio, a la venganza,
a un juicio justo, una sentencia atroz,
a todas esas cosas, que son de vuestra talla,
tenéis derecho.
                              A perdonarme no.

4. DE *ESCOMBROS*

EXORCISMO

A veces el poema quiere ser exorcismo,
ritual celebrado en secreto,
salmo que se paladea en presencia
de aquello que será expatriado,
algo que habrá de ser erguido en vilo,
mantenido en lo alto,
desafiado a su justa altura,
increpado con palabras exactas,
execrado con todas nuestras almas.

Algo finalmente expulsado, y también
—si hubo gratitud en su mirada—
algo definitivamente liberado.

NUBE ESTÁTICA

ESTE silencio no es como los otros.
Nada tiene de pausa o colofón.
Se extiende ilimitadamente. Quiere ser
pleno argumento que no dé cabida
a trama paralela o subalterna.
No teme que se crucen
en su camino las palabras, pues se sabe
anterior, primordial, más fuerte que ellas,
capaz de incorporarlas.

Este silencio es evidente. Yo lo vi
llegar, íntegro ya,
como una nube negra que se instala, suspendida
indefinidamente su descarga.
Es una nube negra que se basta,
colmada, desbordante,
satisfecha de sí,
sin intención de descender o irse.

Este silencio es un presente puro,
sin vaticinio ni recuerdo,
sin ningún trato con el tiempo que hiciera posible
la espera, la alternancia, el ciclo,
el éxodo que un límite valida.

Este silencio no es como los otros:
por el momento sigue aquí, pero presiento
que un día ha de salir y devorarlo todo.

TE TOCA A TI

DEBERÍAS aprovechar este momento,
en que también tu tiempo parece cansado
y pocos sobresaltos o ninguno aguarda
por parte de alguien derrotado y que lleva años muerto,
para, como él hizo contigo tantas veces,
ser esta tú quien se clava el puñal en su espalda.

LAS VIDAS DISPONIBLES

A Georges Brassens

Que no importa la vida, te decías,
qué importa mil veces perderla,
como en el tango,
pues es recuperable siempre.

Y nadie va a negar ahora que lo era,
pero tampoco que dejó de serlo,
que el número de vidas concedidas
por el genio de los cuentos de la vida
es alto, pero limitado.

Y eso lo sabemos ahora,
cuando nos queda solo una, y sí, sí nos importa,
claro que nos importa, y la cuidamos
con todo nuestro amor –el que nos quede– y nuestras
    fuerzas,
sin por ello dejar de rendir homenaje
a sus predecesoras, caídas en combate,

con dignidad algunas, las más indignamente,
todas ellas al final indistintas
en la fosa común del tiempo y la memoria.

5. DE *MUSEO*

LA MADRE
(Pudovkin, 1926)

L A madre que enarbola la bandera,
tras comprender.
La madre hija primogénita
del hijo muerto y de su causa.
Bandera que es legado del hijo
y otro alzará cuando ella caiga.

Primer plano inolvidable de la madre,
cuyo amor se ha ensanchado y es ahora más alto.

SED DE MAL
(Orson Welles, 1958)

Tú no tienes futuro. Lo has consumido todo.

Pero no era verdad. Le quedaban diez minutos
de vida y de rodaje y supo hacer de ellos
algo infinito,
algo más grande y negro y duradero
que todos los futuros.

Había todavía en su cuerpo inmenso
un instinto no exhausto,
una voluntad atroz de charcos, de acogedores organillos,
de amigos y traiciones, de disparos,
un innato desprecio
por todos los Vargas de este mundo, por sus pulcras
    mujeres,
inconmensurables con su pasión de lejanías,
de hechiceras echadoras de cartas, de fronteras.

SOUS LE SOLEIL DE SATAN
(Maurice Pialat, 1987)

EL niño muerto que, en suprema ordalía,
es ofertado en vilo por un hombre inhábil,
un sacerdote poseído.

Un sacrificio que resulta –así lo prueba
el revivir del niño– grato a Alguien.

LAS TENTACIONES DE SAN ANTONIO
(el Bosco, Prado)

El santo está escondido, acurrucado,
tiene mucho más miedo que en el cuadro
homónimo de Lisboa, en el que los demonios
han dado al fin la cara, confiesan sin pudor su nombre
   y nada,
salvo su triunfo, cabe ya esperar.

En cambio, aquí sería aún posible
llegar hasta la noche, resistir
algunas horas más, pensar que la batalla
se librará en el corazón, que los demonios
son metafóricos y un hombre santo puede,
con la ayuda de Dios, deshacer sus retóricos enredos,
burlar el imperial
—pero acaso ilusorio— aroma del pecado.

Y es esa decaída expectativa o fe,
que sabe inútil pero debe preservar,
la que, mientras aguarda la liberación, aterra al ermitaño.

EL JARDÍN DE LAS DELICIAS
(el Bosco, Prado)

Figurillas en grupo, pero aisladas,
que no se comunican entre sí,
inexpresivas hasta decir basta.
Lo obsceno en su esencia más pura,
y también el perfecto reverso
de otra figura aislada,
la del insoportable cuadro de Gante,
cuya mirada ciega es comprensible solo ahora,
cuando sabemos lo que ve:
la extensión verde y desolada del jardín,
la magnitud irredimible del pecado.

EL PATETA
(Ribera, Louvre)

Personaje deforme que se ríe de sí mismo,
y de la vida y del espectador,
del cuadro que admirablemente
representa esa risa panteísta y omnívora,
risa que lo engulle todo y prosigue su curso, su devastadora
celebración atroz de la existencia.

EL CRISTO DE VELÁZQUEZ

DISCRETAMENTE velados sus ojos,
es imposible averiguar cuál fue su última mirada,
qué fue lo último –o lo primero– que vieron.

Puede el espectador imaginar tras ellos
la serenidad o el espanto,
conjeturar por el temple del humano que muere
qué clase de Dios habrá después resucitado.

LA ANUNCIACIÓN
(G. B. Tiépolo, col. Villahermosa)

EL ángel portador de buena nueva,
postrado, con sus alas abatidas,
élitros que la luz hace temblar.

Ángel o insecto moribundo, con las fuerzas justas
para arrastrar su extraño encargo hasta el final.

HOPPER

MUNDOS míticos, esenciales,
reflejos íntimos de un país estruendoso,
concentraciones de soledad y silencio,
trastiendas presenciales y sin horizonte.

Gasolineras, bares esquinados,
en los que todos hemos incurrido,
estáticas, góticas mansiones,
pausadamente terroríficas,
habitaciones de un hotel y una carta,
cuyo contenido, sin entrar en detalles, es obvio.

Y ya al final –más allá del final–
esa imagen postrera
de falsos veraneantes,
de desiertos que simulan ser playas.

LA CELESTINA

Entre todas
las historias
que convocan
a las sombras,
yo elijo la de la vieja tercera,
dueña de almas y cuerpos, hechicera
que muere en un alarde de soberbia,
omnivolente, ávida de vida eterna
—apostada y perdida por una bagatela
la otra terrenal, que estremecía piedras—.

LA CELESTINA DE GILMAN

HAY interpretaciones que quedan
incorporadas a la obra, y forman parte
ya para siempre de ella.
Me ocurrió con la que hizo
Stephen Gilman de La Celestina:
una yuxtaposición de espacios abstractos
en los que voces fantasmales hablan
de cosas exteriores —el amor, el dinero,
el sexo, los barcos, una hija—,
cosas que al margen
de su fugitiva mención nunca existieron.

Voces entrecruzadas que no dejan de hablar,
mientras mueren o se van matando.

HABLAR O NO SER

En las obras de Shakespeare, los grandes personajes
mueren hablando hasta el último instante,
tal vez porque sus vidas, que ahora pierden,
han sido solo eso:
acrobacias verbales,
palabras que ejecutan sus enrevesados números,
sin preocuparse por aquello que pueda haber debajo
o acaecer después —Malcolm, Fortimbrás—,
en un más allá de sí mismas que no les concierne,
y su muerte, por tanto
—como célebremente
enuncia uno de ellos—,
no puede ser sino silencio:
más que morir, lo que hacen es callarse.

LA SOMBRA MÁS FUERTE

En «Hamlet» hay dos sombras:
la del padre, hipotética, y aquella
que proyecta a lo lejos Fortimbrás
y cobra cuerpo en la última escena,
cuando se lleva por delante todos —encomiendas,
traiciones o venganzas, espejismos, palabras
en apariencia invulnerables—
los memoriosos espectros que erigió la otra.

THE REST IS NOT SILENCE

ESTAMOS aquí todos. Somos sombras.
Pero la historia se repite: me exige su Sombra
venganzas nebulosas, digresiones nuevas,
espadas y venenos diferentes. Y palabras:
lo que quiere ante todo son palabras, más palabras.

Nuestras muertes han sido irrelevantes para ella.

HORACIO

HORACIO, auriga insigne de palabras,
capaz de erigir en versos exactos
un monumento, en efecto, perenne.

De aprovechar al límite su día,
con dilatada perfección exhausto.

PREVISIÓN

No hagamos esperar al dios.
Bebamos la cicuta ahora,
cuando todo va a ser inolvidable.

6. DE *ICONOS*

EL FANTASMA DE LA ÓPERA
(Rupert Julian, 1925)

EL monstruo perseguido por la chusma,
que al borde del Sena o las alcantarillas
—no lo recuerdo bien—
se gira y ratifica su íntegro poder, visible
en el espanto retraído de los rostros,
dejando claro que su huida y muerte
son fruto de su voluntad y su cansancio,
no en modo alguno índice de mengua
en el terror descomunal que inspira.

Y esa constatación satisfactoria
de su dominio y superioridad
estalla luego en carcajada, que rubrica
la gestión coherente de su fin,
su decisión inapelable de borrarse
—él a sí mismo— en las aguas sucias.

HOMBRE, MUJER Y SOMBRA

Pocas veces le habrá quedado a un hombre
tan claro su lugar –una estación de paso–
como le quedó a Joseph Cotten
cuando, ya muerto el otro, el tercer hombre,
Alida Valli le obligó a encender
un cigarrillo y ver pasar de largo
el humo que tras sí dejan los sueños,
el afilado rastro que lega una sombra
cuando se niega a desaparecer su halo.

LÁPIDA

(*Sed de mal*, Orson Welles, 1958)

DESENLACE colmado el que llega,
no en brazos de mujer, sino envuelto
en su voz y sus palabras, lapidarias:
una frase tan solo que decreta al muerto
excepcional, e irrelevante
lo que puedan los demás pensar:
el mundo entero, el propio muerto.

VELÁZQUEZ

Sus cuadros no nos hablan,
se niegan a comunicarse con nosotros.
Son el silencio que se deja ver, pero se niega
a ser interpelado.

De todo lo que callan lo esencial
podría ser acaso una cita de Hamlet:
Yo no sé parecer. Yo soy.

WATTEAU

SOLO pintaba cosas idas,
retenidas fugazmente por el cuadro
en el instante justo de dejar de ser.
Cuadros también fugaces, que reprimen
su deseo de huir o de dejarse ir
junto a lo efímero que representan.

ILÍADA, XXII

Qué me importa la patria,
la sentenciada Troya.
Qué pueden importarme Andrómaca y Astíanax.
Sombras son ya que recaban olvido.

Sé bien que solo tengo este combate.
Sé bien que no me queda
sino la lanza ensangrentada, la pletórica lanza
del hijo de Peleo.

Quien me aguarda es Aquiles.
Son la derrota y la muerte, el ultraje,
cosas —así lo han dictado los dioses—
que habrán de cantar, venideros, los hombres,
y que los hombres no podrán borrar de su memoria.

7. DE *FILACTERIAS*

EL TEMPLO

EL mundo fue feraz. Plantábamos las tiendas en un lugar cualquiera: era sagrado.

EMBOSCADO

Todo lo que en aquel momento
nos recorrió con suavidad, dejándonos ilesos,
aguarda, agazapado en la memoria, su momento.

LO QUE NO DEJA HUELLA

Al fin, las únicas que cuentan
son las palabras.
Y lo que cuentan es su propia historia.
Lo demás, si lo hubo, fue una especie
de fogonazo, una fotografía
que rechazó alojarse en ningún álbum.

VÍNCULOS

Un espejo, al romperse,
libera todos sus reflejos.
Son esos seres raros, que vemos cada día
pasar a nuestro lado, transitar la memoria,
parecidos a algo.

Algo que, cuando fue, nos concernía.

CASI

La vida sigue siendo casi bella.
Estuvimos a punto.

SERÁ ASÍ (I)

SÉ que ahora no puedes
entenderlo.
Pero créeme
—vengo de allí—: seremos ellos.

LA VERDAD POR DELANTE

LUEGO te contaré versiones
alternativas, en que muere el lobo.
Pero he querido que primero sepas
cómo va a ser la tuya, tu historia real.

Los sobrenombres que utilizará aquello
que te va a devorar.

Y NO HAY MANERA

Quienes no te conocen, los que ignoran
qué eres, quién has sido,
por qué, hace tiempo –fue por no ver–,
te sacaste los ojos.

Esos son los que te dicen: Tranquilo, míralo de otro modo.

MACBETH

Mientras haya otros cuerpos, mejor mi espada en ellos.
Refutación occidental del harakiri.

Samurái ya sin honor: deforme, sublime.

LAS PALABRAS

Nada nuevo
van a decirte ya. Licéncialas:
sea el silencio
nuevo pacto o piedad entre vosotros.

LO EMOTIVO

Debe ser expatriado y volver luego,
merodear por los confines del poema.
Pero sabiéndose proscrito.

EL TEMBLOR

Ya no tiemblo al leerlo, pero aún soy capaz
de reconocer por el tacto un buen poema.

De recorrer su piel y ver si tiembla.

8. DE *SINGLADURA*

CRONOGÉNESIS

C UANDO embestida y retirada dejan
  de ser viables: es entonces
cuando comienza el tiempo.

Había estado antes, pero solo
como telón de fondo de lo que iba ocurriendo.
Ahora es cuando ocupa entero el escenario,
da dos pasos y abarrota el proscenio,
único e inmenso actor, sin ningún argumento.

Tarda el espectador un poco en comprenderlo,
porque reconoce la sala y al palpar su asiento
comprueba que lo es,
que era su sitio y continúa siéndolo.
Tarda aún unos instantes en dejar de esperar
que eso que está delante pronuncie unas palabras,
dé alguna explicación, desgrane un soliloquio.

Le lleva un tiempo asimilar qué está pasando,
darse cuenta de que nada ha cambiado,
de que nada ha pasado y nada va a pasar.

Es una momentánea ofuscación,
el resto de un remilgo que la realidad
hará que se disipe pronto.

Y es entonces —ahora—
cuando por fin lo entiende todo y sabe
lo último que va a saber:
que la obra ha terminado, la función prosigue.

CONSTATACIONES

Tendemos a pensar que son las cosas
como son. Pero eso en realidad nunca es así.
Basta con asomarse a la ventana y ver
en qué se han convertido,
cómo las ha odiado el tiempo.

Pasa también al revelar una fotografía antigua.

SEGUNDA OPORTUNIDAD

Si hubiera yo sabido lo que sé,
tendría, tras haber cambiado todo,
la edad que tengo y detrás un pasado
al cabo en lo esencial idéntico, compuesto
de años distintos, pero ya gastados,
qué importa de qué modo, si al mirarlos
no podría entender en qué se fueron,
cómo pude, con todo lo que ahora sé,
dejarlos ir,
permitir que me trajeran consigo,
acumulándome hasta aquí,
hasta esta edad inverosímil que ahora tengo.

QUOD ERAT DEMONSTRANDUM

Fiel hasta el fin, el miedo nos preserva
de todo aquello que podría
rasgar o endurecer la piel: valer la pena.

Acotado en la infancia,
va luego con los años extendiéndose
hasta abarcar la vida entera,
escudo protector ya sin salida, armadura hermética.

Entonces es cuando nos mira,
burlón y sonriente, con gesto paternal:
Lo ves, idiota, ves
como al final no te ha pasado nada.

EL PAULATINO

No suscitó pasiones —amores, inquinas—,
ni pudo en consecuencia conocer,
garantizados y alternantes,
la dicha unánime ni su disperso envés.

Pero pasó sus días con holgura,
y aprendió a ver en ellos
no un misterio
sino el despliegue natural de un ritmo.

Con el tiempo asimismo consiguió discernir
lo distante y evitar el esfuerzo,
inútil con frecuencia, de intentar alcanzarlo,
disfrutando en su lugar de lo próximo, dejando que las
    cosas,
suspicaces en sí, se fueran acercando, comieran en su
    mano.

Murió sin altibajos, a una edad avanzada.
Y hubo algunas personas que lo echaron de menos,
no de manera apasionada, pero sí sincera.

Personas que de tarde en tarde
consultaban recuerdos en que estuvo.

ES HORA DE SABERLO

Las he traído aquí para que testimonien.

Son las vidas gastadas que pasé buscándote,
mientras al parecer seguías tú en la otra, la nuestra,
compartida con alguien,
a quien dicen ahora que podría ser yo,
sin que nos advirtiera nadie
de que nos estábamos intercambiando pronombres,
jugándonos al escondite nuestras vidas,
que he convocado aquí para que hablen.

Nuestras vidas, sí, que he traído hasta aquí
con el único fin de que nos digan
–sin dilación: van a ser canceladas–
qué saben de nosotros,
a qué se referían
cada vez que alguien en ellas decía:

                                        Nosotros.

MEDIOCRIDAD

DESERTAR, lo que se dice desertar,
no lo hace nadie:
nuestras huidas, como nuestras vidas, son parciales.

Por eso cansa oír tantas historias,
tantos lamentos cuya forma es siempre
la misma:
la de un muñón que no se atreve
a ser la mano que no fue y empuñar algo.

ALEGATO

No tengo nada que ocultar.

Visité, sí, las tinieblas.
Las conozco y me conocen.
Ni me arrepiento ni blasono de ello:
no me hice su amigo. Constan
todas mis incursiones en el libro de registros.
Las podéis consultar.
Nada hallaréis que no supierais,
nada absolutamente que pudiera
contravenir mi palabra.
Mi palabra actual o cualquiera
que hayáis podido oírme pronunciar.
Y esto que digo lo afirmo
con toda naturalidad
—la naturalidad que era mía y me he ganado y es mía—,
tranquilamente, sin necesidad
de recurrir a la memoria.

Porque yo no soy, jamás he sido, criatura de la sombra,
inquilino, pastor o comerciante de sombras.
No he congeniado nunca con lo oscuro.
Cierto es que al verme
pasar, me respetan y saludan, pero no como signo
de complicidad: en cumplimiento estricto
de un antiquísimo pacto que vosotros
no podéis entender y las obliga
a rendir ese tributo a quien estuvo allí,
y estuvo allí de pie, no de rodillas, y no se arrodilló,
llegó hasta allí en pie, no de rodillas,
salió de allí herido, pero por su propio pie,
sangrando, pero por su propio pie,
y no se arrodilló.
Oídlo, vosotros, que nada sabéis: no se arrodilló.

No se arrodilló —oídlo bien, sabandijas—,
porque podía no hacerlo.
Porque no había, a diferencia de vosotros, nacido en las
    tinieblas,
ni iba a ser jamás, como vosotros, expulsado de ellas,
escupido de ellas con el infinito asco
que las sombras reservan a lo deshonroso,
a aquello que no da ninguna talla y se escupe con asco,

porque es indigno de ellas, y de lo divino, y también de
   lo humano,
y ellas lo escupen, os escupen, con ilimitado asco,
os escupen, escuchadlo bien, porque les dais, como le
   dais a Dios, un asco inmenso.

TU HORA

Si llegas hasta aquí y, como yo,
no has entendido nada, es tu hora
de afrontar la verdad: no había nada,
no hay nada que entender. Siéntate cerca
y no me mires a los ojos, dame
la mano y duérmete. Se pasa pronto.

CONDESCENDENCIA DEL FIN

No es cierto que al llegar el fin tan solo queden
palabras: no las hay.
Tampoco lo es que llegue:
estuvo siempre aquí, y ahora se va,
se cruza casualmente con nosotros, nos parece
que viene por nosotros, y decimos
Miradlo: es el fin, ya viene.

Y él, por cortesía
y porque está cansado, asiente.

INSTRUCCIONES

La cubierta, de piel, irá con letras de oro.
En la portada, úsese Garamond.
                              Las tripas,
a ser posible en blanco –marfil, un poco ajado,
para que dé la impresión de que en ellas
una vez hubo algo–.

9. DE *MUESTRARIO*

DISCERNIMIENTO
DE LOS NAUFRAGIOS PARCIALES

E N los naufragios parciales, a veces
resulta complicado discernir
qué fue lo que se hundió,
qué fue lo que flotó, durante cuánto tiempo,
adónde transportaba el barco tantos pecios.

EN PUNTO

LLEGA puntual el momento que teme, la hora
en que comienza la memoria a soltar sus perros.

PAIDEIA

EL zoo dominical,
Casa de Fieras por aquel entonces.

Gusta la infancia de reiteraciones:
el zoo por las mañanas, los domingos,
cada fiera en su sitio, el mismo siempre.

Después escaparán,
pero eso el niño no lo sabe.
Se enterará más tarde cuando sea
un sobresalto cada esquina,
la acera una frontera que separa
lo vulnerable de su herida,
provisional, pero trazada ya.

Irá sabiéndolo a medida que se hagan,
depuesto su antifaz,
depredadoras todas las miradas.

Cuando le curse la primera invitación la noche, esa bellísima alimaña.

VALS DEL RETORNO

Vuelvo a la noche, pero guarecido en la distancia
que me concede el verso.
Cuanto diga será, pues, homenaje
a su atracción ilesa y confesión de miedo.

Habré de ladear los brillos y los tactos,
clichés manoseados,
para centrarme en lo que queda afuera:
las calles transitables,
el placer solitario de cursarlas,
la sorpresa sin más ante un detalle
oculto por el día y perceptible ahora,
la sombra que proyectan los neones
y no puede abarcar ninguna acera,
el pálpito tangible de una puerta
que un simple roce hará ceder,
pues es tan solo invitación, oferta.

El interior, reconocible ya
en todo su esplendor mezquino que alinea
la noche de verdad, sus infinitas barras,
su radical desdén por cuanto queda fuera.

PESADILLA

Si alguna vez soñara que te has ido,
despiértame enseguida y dime
que solo ha sido un sueño,
que volverás un día.

EL MAL SUEÑO

DESPIERTA: estás en casa.
Ha sido solo un sueño. Nada
ha ocurrido. Aquí fuera
todo prosigue igual: te aguardan
íntegros todos tus miedos,
fundados, unívocos, reales,
no como los otros, los de los malos sueños,
tan pasajeros, tan interpretables.

HECHICERÍA CADUCA

No obedece al recuerdo ya la mano.
Es su propia memoria la que insiste
en palpar el vacío, delineando
formas que solo ella intuye o ve.

Calca la mano los gestos que fueron eficaces,
el conjuro que hunde
su raíz en aquello que supo, en su conocimiento
de aquello que, invocado,
se muestra ahora ajeno a sortilegios.

UN PORCENTAJE MÍNIMO

El muerto en vida es confundible
con los vivos y también con los muertos.

Predomina, no obstante, la primera tendencia.
La mirada común suele, en efecto, ver
en él un transeúnte
más o menos normal, si acaso levemente
escorado hacia lo abstracto o hacia el suelo,
algo torpón con el bordillo a veces;
un interlocutor no muy distinto de los otros,
tal vez un poco rezagado o vacilante
al hablar de noticias actuales
o con determinados nombres propios;
al comentar los resultados del domingo,
que puede trastocar con los del sábado.

Solo los sinestésicos en grado sumo advierten
cierto aroma dulzón, el rumor casi inaudible

de voces que discurren
al margen o quizás por el subsuelo
de aquello que los labios dicen.
Pequeños síntomas
a partir de los cuales algunos, muy pocos,
comienzan a extraer sospechas,
rara vez convertidas en indicios.

En fin, ya sea por desinterés,
ya por prejuicios,
tan acendrados como comprensibles, el promedio
de diagnósticos correctos es bajísimo.

ANIMAL FURTIVO

El poema ha de vivir en los límites.
Ser una cosa de fronteras, indecisa
entre el dejar de ser y el no ser todavía,
recorrer una línea que está siempre a punto
de convertirse en superficie, terreno vedado.
Saber de transiciones detenidas,
infiltrarse con miedo en la piel que separa
la carne invulnerable de aquello que la hiere.

Debe el poema ser un animal furtivo,
acorralado por cuanto persigue.

Cazador que se arrepiente de su presa.

No los redondos: los poemas afilados,
aquellos que podrían herir o cifrar –intuir
o desgarrar: desentrañar– una vida,
que muere o se dilata satisfecha en ellos.

PRODUCTO ACABADO

No basta con que las palabras ardan.
Hay que cuidar después lo que dejaron, esmerarse
en los rescoldos, ir acariciando cada resto.

Hacerles confesar lo que ahora saben:
el sabor de las llamas, qué sintieron
al desaparecer, cómo era el fuego.

10. DE *INCISIONES*

III

Esta belleza esplendorosa aduce el mundo
para hacerse querer o hacernos ver
que todo mereció la pena.

Y sí, es convincente.

XIII

La vida se hace de nosotros una idea falsa.
Y nosotros, corteses como somos,
le correspondemos. Es ese
malentendido fraternal quien nos mantiene unidos.

Las épocas presentes son vulgares
y corrientes, lo que explica su clara
tendencia a profesar en el pasado.

Ah, el pasado, amigo, eso es ya otro cantar.
Fijaos: aún brilla.

XXIII

Aquello fue un lugar prolífico,
patriarca de momentos.

Lo más común es que el sobreviviente
renuncie a tanta y tan confusa herencia,
y se hilvane en una historia cualquiera,
falsa, pero al menos relatable, compartida
por los que se dirán testigos y acreditarán
que lo ocurrido fue como se cuenta.

XLV

INSTANCIA

Poder estar al fin enfrente de algo,
lo que quiera que sea, pero cara a cara —ojos recíprocos—.
Algo dotado de la facultad
de dar explicaciones, aunque mienta.

No debería sorprendernos
que al darnos su palabra
queden sin ella los donantes.
Que en su lugar coloquen una de repuesto y pierdan
todo interés en recobrar algo que acepta
cambiar con tal facilidad de dueño y lealtades.

Al fin y al cabo, piensan, el léxico es muy grande.

CXLVI

Mı poesía habla desde entonces.
No es, por tanto, elegiaca —nada añora—,
sino comprometida con su tiempo, realista:
aquello es —no *fue* o *sigue siendo*—
lo único real.

CXLVII

Es hora de dejar que fluya
de nuevo libre
la voz que luego haremos nuestra.

Voz cuya potestad —ella lo sabe—
no sufre menoscabo si se aviene a fingir
que obedecía órdenes, danzaba sujeta
al nítido compás de alguna mano.

11. DE *CANCIONERO*

EL MENSAJE

No tardaremos en averiguar
lo que esta noche quiere de nosotros.
Todo será sencillo entonces. Nos abandonaremos
a su oscuro designio, dejaremos
que fluya libremente hacia el desastre.

Porque la noche nos transmite siempre
un mensaje sencillo, una tarea
desconcertantemente simple.
Interpretarla mal es privilegio nuestro,
prerrogativa de animal asustado,
de bestia con principios que lo apuesta todo
a la carta más alta, la única marcada.

RECEPCIÓN DE LO SACRO

Tu cuerpo está al llegar.
Poco o nada me importa
que otra vez venga solo.
Con él me sobra y basta.

Busquen otros tu alma. Mientras tanto,
despreocupado de tareas vanas,
preparo el advenimiento.
                                        Tu cuerpo,
incluidas por cierto todas y cada una
de sus muchas, adorables secciones,
va a acontecer, es inminente.
                                        Abro
de par en par mis templos: el milagro comienza.

MAGA

ESTÁS aquí. Es solvente
de nuevo el mundo: acatan, dóciles,
tu hechizo los relojes,
la noche tus poderes.

LA PRUEBA

Dices que no queda nada.
Mentira. Mira bien.
Mira mis manos:
tiemblan, ¿verdad?
Tiemblan: verdad. Y no es por nada.

12. DE *TRAPECIO*

LA VIDA Y NOSOTROS

COMO en todos los casos de maltrato recíproco, averiguar quién empezó es pueril.

FUGITIVA ANACRÓNICA

Admítelo:
también te estás yendo de entonces.

DEMORA

Permíteme pasar un rato más, algún día
—ayer, antes de ayer— contigo.
No puedes tener prisa: ya te has ido.

SERÁ ASÍ (II)

Ahora no podemos entenderlo,
pero créeme, será así
—te hablo ya desde ese otro tiempo—:
los años no nos llevarán consigo.

ASUNTO ESPINOSO

LLEGA un momento en que la vida te aborrece.
Y todos se dan cuenta, pero disimulan:
no es un tema agradable, y además no saben
hasta qué punto les concierne.

ATRÁPALOS

A lo sumo serán tres o cuatro destellos.
Aspíralos a fondo y memoriza su aroma,
antes que en ti lo gris se asiente y fuera reinen,
en monocorde sucesión, luz y tiniebla.

DÉJALO VERSE

Aunque sea su luz despiadada,
no los cierres.
El mundo solo se refleja
en ojos que arrasó y no temieron.

EL QUE NO TOMÓ PARTIDO

No supo decir no a la vida, sin por ello darle
un sí ilimitado, exento de aranceles.
Se mantuvo en los márgenes.
Espectador de sus fulgores, guarecido
del incendio salvaje con que premia a sus fieles.

EL TIEMPO FUGITIVO
(Tempus fugit)

¿De qué o quién se esconde ese cobarde
que no tuviera arraigo y sustancia en él,
que no haya sido sangre de su fugitiva sangre?

Tiempo: animal pusilánime
que huyendo de sí mismo nos inquiere.

Soy un superviviente.
Con la mala conciencia de quien debió quedarse ahí,
al lado de los otros,
codo a codo con todos mis caídos
en acto incomprensible de servicio.

AÑORANZA CONCISA

Echo de menos no las noches,
sino el relámpago que las atravesaba a veces,
la luz que al fulminarlas permitía,
por un terrible instante, vislumbrarlo todo,
estar a punto de entender
con plenitud fugaz algo importante.

EL CHUCHO

ALMACENAN, disecado, los sueños
cuanto en la otra vida murió o fue destituido,
algo que sacan
de tiempo en tiempo a pasear por sus calles furtivas,
como si fuera un animal doméstico que sigue teniendo,
mermadas pero aún imperativas,
necesidades malolientes o nostalgias.

ANÁBASIS

No faltaré esta vez a aquella cita.
Recuerdo
el lugar y la hora, el año, mes y día.
La clave sigue siendo un acertijo
trivial, y lo he resuelto.

Salgo ya. El camino es largo, y no quiero
tenerme que esperar, estar en vilo.

CUESTIÓN DE PRINCIPIOS

Su memoria no era
ningún espejo roto, una metáfora gastada.
Todo lo contrario: guardaba con esmero
cada detalle, cada imagen,
y las muchas palabras.

No la ponía nunca en marcha, cierto,
pero no por defecto de ninguna
de sus innumerables piezas,
sino porque su minuciosa versión de los hechos
contradecía sus creencias.

PLANES Y PLANOS

Uno comienza haciendo planes,
que enseguida confunde con planos, en los cuales
parecen figurar itinerarios,
que confunde más tarde con oráculos,
cuyo mensaje, confuso, acaba confundiendo
con órdenes de cuyo cumplimiento
parece depender el de sus planes.

En fin, un triste cuento de espejismos,
pero que todavía no ha acabado,
porque en el centro de ese laberinto
aguarda, inconfundible, el minotauro.

13. DE *EXPIACIÓN*

EL ABOFETEADO

Rindo homenaje aquí a un héroe anónimo, compañero de clase y de grisácea adolescencia.

Una especie de impávido muñeco,
abofeteado día a día por negarse
a hacer o decir algo
sencillo de decir o hacer
—algo que cada uno de nosotros estaba dispuesto
a hacer por él, decir por él, pagando su rescate;
pero jamás nos atrevimos a inducir el canje,
petrificados ante aquella ceremonia
que presentíamos tal vez
primordial y sagrada—.

Algo insignificante,
que aquella gigantesca negativa
aniquilaba o convertía, a su antojo, en grande,
porque ante ella se desvanecía todo,

y el mundo parecía dimitir, como en señal
de solidaridad o pleitesía.

Ese muchacho anónimo fue quien me enseñó
la lección esencial, la digna de memoria,
que habría de reconocer después
en tantas y tantas ficciones y preceptos,
ya solo para mí secuelas
de la versión original, que él encarnó,
y a cuyo estreno tuve el privilegio y la deshonra
de asistir en silencio:
lo único que importa es decir no.

14. DE *ESCOLIOS*

EDAD DE ORO

ME acuerdo de cuando era Dios, y el mundo solo un delirio evitable. Nunca fui tan feliz.

ACABARÁS ASÍ

ACABARÁS pactando.
Con todas las potencias
–las del bien, las del mal–,
contigo mismo.
Acabarás así: pactando.

ADOPCIÓN

INCOMPETENTES historias, nacidas
de una mente averiada o que delira,
ocupan por entero la memoria, detallan
lugares y momentos, reivindican
su derecho —afirman, heredado— a lo real.

Agotados sus escrúpulos y también ella misma,
cede al fin la memoria y las prohíja.

LA DATACIÓN

CUÁNDO has muerto. Esa es
la pregunta difícil.
La defunción es evidente,
todos en tu interior lo saben.
Datarla, sin embargo, es más difícil.

15. DE *EPÍLOGO*

I. CARCOMA

XV

L a chica del rincón no mira a nadie.
Absorta en su bebida, se emborracha sola,
se emborracha a conciencia.
He visto alguna —rara— vez esa clase de mujeres:
son diosas que se absuelven lentamente, deidades que
    alimentan
sin prisa su insaciable cólera.

El resto es puro oficio:
un día saltan a la pista, irrumpen en su centro,
    absorben todo:
miradas, corazones, cuerpos, los despojos
que irá depositando su paso a cada lado.

Cuanto hubo allí, y es ruina ahora, tras
el Acontecimiento.

XXVI

No esperes nada del evento:
jamás se alojó en él
lo que será después inolvidable.

XXXVI

Volví tarde. Padre no estaba. Mis hermanos
no me abrieron la puerta.
Sigo aquí, desahuciado, en este estercolero.

Desde él me llegan los aromas
del festín prolongado
que celebra la estancia, no el regreso.

II. CÁPSULAS

V

SOBRE lo que está sucediendo
–un amor en su transcurso, por poner un ejemplo–
no existen todavía más versiones.
La labor filológica y la erección del stemma
son siempre una sevicia posterior.

XXVI

La consunción no acaba hasta que el fuego,
por causas que ignoramos, quizá simple cansancio,
se detiene y exonera algo, un resto.
Un resto que a partir de entonces
se convierte en lo que eres y te sigue viviendo.

XXXI

No torna a sus hábitos el muerto, ni muestra
afán alguno en regresar, siquiera sea
para echar un vistazo
a lo que ahora para él, como él para nosotros,
es solo sueño o niebla.

III. CULTISMOS

AMANTE POSTRERO
(*Nosferatu*, F. W. Murnau, 1922)

Aún tiene sentimientos.

Y su gesto final –incredulidad y sorpresa–
obedece tal vez a ese descubrimiento.
O a que recuerda tarde que destruyen.

PRIMAVERA TARDÍA
(Yasujiro Ozu, 1949)

La historia es simple:
un padre que envejece
y una hija que habrá de cuidarlo.

Yasujiro Ozu rueda la tristeza,
que es una cosa muy sencilla.
Lo prodigioso es ese personaje secundario
que poco a poco va ganando cuerpo,
hasta hacerse al final protagonista
y argumento diáfano: la vida.

CUL-DE-SAC
(Roman Polanski, 1966)

Nunca es completa la locura:
te destroza, pero no sin antes
permitir que te asomes al nombre que tuvieron
la ficción solidaria, lo real.

En este caso, Maggie.

LA CRUCIFIXIÓN DE GRÜNEWALD

Un Cristo destrozado,
sin ninguna posibilidad de ser divino,
de haberlo sido o seguir siéndolo.

Un Cristo que no va a resucitar.

CRISTO CRUCIFICADO
(Alonso Cano, Academia de San Fernando)

Solo con el de Velázquez comparable,
el Cristo en la cruz de Cano.
Menos humilde, no menos digno,
más corpóreo:
un dios de cuerpo estable y presente,
distanciado de ascensiones o descendimientos.

EL TRIUNFO DE DAVID
(Poussin, Prado)

La vanidad del triunfo,
sin duda, pero también algo más:
el ensimismamiento a que se ve obligado
quien ha cumplido su misión y queda solo,
sin saber en el fondo qué es aquello que ha hecho,
la mirada perdida en la cabeza del muerto,
como si el muerto ahora conociera un secreto
y no estuviera ya dispuesto a revelarlo.

BACANAL
(Michel-Ange Houasse, Prado)

El cuadro lo dominan tres miradas:
la diabólica del busto,
que ha organizado todo y lo preside,
satisfecho del éxito alcanzado;
la del personaje rendido hacia la copa
cuyos misterios parece conocer y quizá despreciar;
y la de la mujer de seno descubierto y ojos en que brillan
la lascivia y, por encima de ella,
enigmáticamente la ironía.

Los tres sonríen, saben algo
que no compartirán con un espectador.

PALABRAS, PALABRAS, PALABRAS

El hombre se resume en palabras, desea,
por razones que no entendemos,
dejar de sí esa huella, que es también legado,
enloquecido laberinto que se hereda.

Baste un único ejemplo:
la historia que encomienda elaborar Hamlet a Horacio,
tan importante para él que no le importa
que el amigo, sin otro fin que acometerla,
haya de dilatar la insoportable vida.

IV. REPERTORIO ÚLTIMO

LA ESPERA

La espera se emancipa del presente,
se tensa hacia un después nacido de sí misma,
que de llegar a ser la aboliría.

Su esencia es solamente esa tensión,
pura, nacida en vilo, nunca plazo,
contradictorio tiempo no cumplido,
tiempo vacío lleno de vacíos
que especulan y revuelven su ausencia,
espejismo de un oasis posible,
pero sin el definitivo consuelo que procuran
la desesperación o la locura.

Indefinida, pero no provisional, la espera
se enrosca y hace bucle en busca de reposo,
se vierte por ventanas que no darán respuesta,
intenta distraerse con las cosas

que instantes u horas antes eran
—distanciadas ahora, inmanejables—.

La espera flota en aguas irresueltas,
que no toleran nunca ese vaivén,
ese ir y venir desafinado.

La espera solo quiere clausurarse,
dejar de ser, recuperar tiempos y pautas:
le es indiferente ya su desenlace.

Que, de llegar, será un país extraño.

RIESGO CIERTO

Decir Te quiero es quedar expuesto,
no solo a la carencia de reciprocidad
—a las innumerables versiones del Yo no—,
sino ante todo, pero eso se averigua luego,
a la correspondencia y sus demonios venideros.

DEPOSITARIA DE LA RUINA

Quisiste suprimir
de los instantes el infame,
aquel que ha renegado de su esencia.

Ahora te convocan indignadas
palabras insepultas, los restos malheridos
de una promesa rota.

De una promesa incumplida y como todas vigente,
grieta que desenreda el tiempo y se acerca a nosotros,
matriarca irrestañable que clama por sus hijos.

PÉRDIDA Y TENENCIA

La pérdida de aquello que se tuvo
ratifica la tenencia,
descarta la sospecha de fraude.
Duele, sí, pero al tiempo nos permite
pisar las calles que —ahora lo sabemos— fueron nuestras,
visitar una vez más los mismos parques,
desolados aún, pero por fin reales.

LA CLEPSIDRA

Cuando ya la clepsidra no contiene
sino unas pocas, imprecisas gotas,
y ves el agua derramada, cada charco,
los inexistentes océanos que fueron
capaces de abismar cada momento,
los caudalosos, por completo infranqueables,
ríos que solo eran
pretenciosos arroyos de tránsito fácil,
fácilmente esquivables gusanos acuáticos,
la extraña lluvia en que quedó disuelto todo.

Cuando prevés las últimas, superfluas, gotas
absortas en la palma de tu mano
y exhausto el recipiente incomprensible.

DESVINCULADOS

Qué sentirá mi padre muerto al enterarse
de que he muerto.
De que soy como él y nada ya nos une.

PROCEDENCIA DE LOS POEMAS

Se enumeran a continuación los libros de los que proceden los poemas seleccionados:

Destiempo (Colección Melibea, Premio Rafael Morales, 2021).

Meandros (Vitruvio, 2021).

Dársena (La Discreta, 2022).

Escombros (Vitruvio, 2022).

Museo (Huerga & Fierro, Premio Ciudad de Alcalá de Poesía, 2022).

Iconos (Vitruvio, 2023).

Filacterias (Ediciones La Palma, 2023).

Singladura (Renacimiento, col. Calle del Aire, 2023).

Muestrario (Huerga & Fierro, col. Graffiti, 2023).

Incisiones (Renacimiento, col. Calle del Aire, 2024).

Cancionero (Huerga & Fierro, col. Graffiti, 2024).

Trapecio (Ediciones La Palma, 2024).

Expiación (Huerga & Fierro, col. Graffiti, 2024).

Escolios (Hiperión, 2024).

Epílogo (Renacimiento, col. Calle del Aire, 2025).

ÍNDICE

POR ARRABALES ÚLTIMOS

1. DE *DESTIEMPO*

2. DE *MEANDROS*

3. DE *DÁRSENA*

4. DE *ESCOMBROS*

7. DE *FILACTERIAS*

8. DE *SINGLADURA*

9. DE *MUESTRARIO*

10. DE *INCISIONES*

11. DE *CANCIONERO*

12. DE *TRAPECIO*

13. DE *EXPIACIÓN*

14. DE *ESCOLIOS*

15. DE *EPÍLOGO*

I. CARCOMA

II. CÁPSULAS

III. CULTISMOS

IV. REPERTORIO ÚLTIMO

Por arrabales últimos.
Antología poética
de PEDRO LÓPEZ LARA
se terminó de imprimir el
18 de marzo de 2025